LATIDOS QUE NO DIJE

ROOS

THE POETICS
PUBLISHING

The Poetics Publishing es un sello editorial de The Poetics GmbH, una empresa de software y edición con sede en Zug, Suiza.

Para pedidos contactar: roos@thepoetics.eu

ISBN 978-3-03971-114-7 Paperback
ISBN 978-3-03971-115-4 Hardback
ISBN 978-3-03971-116-1 eBook

The Poetics GmbH
Hasenbüelweg 34
6300 Zug – Suiza

Tengo la sospecha,
de que algún día, dentro de poco,
me estallara el corazón de tanto pensarte.

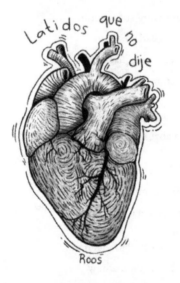

Latidos que no dije

Roos

No era amor.

No era amor, era otra cosa.
Era un calor interno que
se sentía en la superficie
y se alimentaba en el alma.

No era amor, era sufrimiento
y angustia, con delirios que
surgían en mi imaginación
y dramas en mis sueños.

No era amor, era una gran ilusión
que se llevaba mis temores.

No era amor, era una marea alta
con un niño pequeño
ahogándose en la orilla.

No era amor, era algo mucho mejor,
era el regazo de mi madre y
los brazos de mi padre.

Era cada nube en el cielo,
cada tono de flor y
cada beso eterno.

No era amor, eras tú.

Es que ya no sé
como verte y no sentir.

Jóvenes.

Un día seremos viejos
y nos encantara recordar estos momentos,
donde lo único que sabemos
es que estamos vivos.

Solo los jóvenes pueden escapar
y se nos acaba el tiempo.

Le cantaré a mi hija, le cantaré mucho más
que una canción de cuna,
mientras esperas desesperada
y desmaquillada sobre la cama.

Solo los jóvenes pueden escapar.

Besaré tu frente todos los días
mientras se prepare el café de las mañanas
y me escucharás decir:

Solo los jóvenes pueden escapar
y aún sigo perdido en tu mirada.

Una vida sin corazones rotos es una vida fácil
y una vida fácil, es aburrida.

Lucero.

Lucero, que me ves y no te veo,
que iluminas con esmero,
que te escondes en mi sueño,
que me besas sin saberlo.

Pradera, dulce pradera
que me esperas en la piedra,
que observas luna llena
y me comes en la arena.

Que gritas amor mío,
te excita mi gemido
y no te asusta lo infinito.

Lucero, dulce lucero
que enamora tu mirada,
no te hagas una extraña.

Llévame a mi tierra, el mar.
El único lugar donde nadie me rompe
el corazón.

Estimulas.

El oleaje perfecto,
me recuerda a tu cabello,
porque la arena en el suelo
me recuerda a lo azul del cielo.

No sé qué tanto te importo,
pero las dunas que se forman
con tus maremotos
me hacen sentir cosas inimaginables,
cosas que no sentía desde que era pequeño.

Me recuerdas a las flores grises,
que la sociedad dice prisión,
pero me provocas nostalgia.

No sé qué recuerdo estimulas,
pero por cada ola rompiendo,
me dices amor.

Sé que lo nuestro es imposible,
pero con cada movimiento
provocas un caminar en mi pecho,
que dice que me amas con cada palpitar.

No sé por qué, ni como,
pero hay canciones que me hacen amarte.

Finjamos.

Finjamos ser poetas,
no en versos, en besos.

Que nos sigan las brujas
y nos encierran en burbujas,
porque aún te me antojas
cuando se descontrolan mis hormonas.

Que vamos a una fiesta
y terminamos besándonos en la playa.
Finjamos ser poetas,
no en versos, en besos.

Que la luna está hermosa
cuando tu lengua rosa
navega por mi boca.

Que nos enojamos por tonterías
y terminamos besándonos en el sofá.
Finjamos ser poetas,
no en versos, en besos.

Qué curiosa es la forma
en que se siente extrañarte.

Luna.

Eres como la luna,
que iluminas cuando ando a oscuras,
que afectas la marea
y perturbas mi sueño.

Luz de la nada,
que provocas desvelos,
que todos te aman
y algunos te retratan.

Que eres fría,
pero calientas con fogatas,
que embriagas a los mortales
y te quedas al amanecer.

Luna, le das un mejor sabor a la vida,
a la música y al alcohol.

Luna, que tu sombra
es más bella que la del sol,
que reflejas sin daños
y te dejas admirar.

Luna, no sé cuánto tiempo te he amado,
pero aceleras mi corazón
cada que iluminas mi rostro.

No sé cómo paso,
pero mi mundo se volvió loco
con su sonrisa.

Quizás.

Quizás aún no estés lista.
La verdad es que tal vez ni yo lo esté.
Hay días en los que tú eres mi luz,
pero entonces llegan esos malditos celos
y se esfuma la magia.

Tengo fe en que algún día te fijaras en mí.
Quizás ya lo haces
y yo no me doy ni cuenta.

Tu voz es mi melodía preferida,
quizás eres la mejor melodía
que he escuchado.
Y este, sea el mejor poema que has sentido.

Hace unos días dijiste que me amabas,
tú estabas bromeando,
pero quizás fue más cierto que el cielo.
Tal vez en algunos años no me reconozcas,
o quizás ya estés a mi lado,
quien sabe.

Me emociona imaginar historias contigo
cada vez que voy a dormir,
y me impacienta no poder
tenerte entre mis brazos.

Quizás la vida nos está poniendo obstáculos,
y así apreciaremos el día en que por fin
estemos juntos.

Yo no soy un buen escritor,
Y mucho menos un buen poeta,
pero puedo ser tu mejor historia,
y tú puedes ser la mía.

Quizás no me quieres,
o tal vez me quieres demasiado,
no lo sé, pero, aun así,
aquí me tienes,
perdidamente enamorado de ti,
tratando de crear la mejor historia que el
mundo ha visto.
La mejor historia que el mundo ha contado.

De ti.

Encuéntrame en este escrito,
como si tu vida dependiera de mí,
como si tu amor lo gritara.
Me eleva la vida,
el infierno y el paraíso.

Tenerte en mis brazos,
mientras tus labios besan mi mano,
sentir tu pecho respirando
y tu corazón acelerado.

Mi vida depende de mí,
pero el sentimiento,
de ti.

Y en un mundo lleno de océano,
lo único que necesito,
es un charquito de ti.

Sonido.

Que el dulce ruido de tu boca
me recuerda a las gotas
que salen de este vino en mi copa.

Amor mío, me encantas entera,
porque eres como una balada eterna.

No sé si seguiremos este canto,
ni si seguiremos bailando,
pero si tomas fuerte mi mano,
igual me quedo otro rato.

Eres una canción en carretera,
que endulzas más el viaje.
Le das ese toque de hermosura
y felicidad al camino.

Amor mío, me encantas eterna,
porque eres como una balada eterna
y no sales de mi cabeza.

¿Qué mejor desvelo que tu sonrisa?

Desearía.

Eres como una ola
cuando rompe en la orilla
y salpica en la arena
creando esa brisa que amamos.

Desearía poder igualarte este sentimiento,
que tu pecho sintiera lo que es
cargar todo el amor del mundo
y que tu mente me compare
con una ola de mar.

Que mis vientos
provocarán marea alta
y los terremotos en mi pecho,
maremotos en tu cielo.

Que me encontraras en el último
pestañeo del día y me obsequiarás
tus primeros buenos días.

Quisiera que el corazón
se te quemará tanto como a mí.

Pero hay cosas que no se controlan,
cosas que arderán en el alma
hasta el último respiro.

Quiero quedarme ahí en tus brazos,
donde mi corazón tiene el ritmo perfecto.

Mi amor.

Amor,
no te preocupes por los besos
que no has dado,
tampoco por los abrazos que te han negado,
porque siempre tendrás
un recuerdo guardado para compartirlo.

Un recuerdo que te haga soñar
como cuando eras pequeño.

Amor, no sé si felicitarte,
o darte un golpe,
no sé si vestirme de negro o de colorines,
no sé si besarte en la frente
o girarme hacia atrás.
Ni siquiera sé si debería amarte
o llamarte amor.

Amor, no soy tuyo y no eres mía,
pero podemos pasar juntos a esta mierda
a la que llamamos vida.

Y tú no me perteneces,
pero podemos pasar tiempo juntos
si lo prefieres.
Y el océano ni siquiera se acerca
al toque de tu mano,
elijo cien veces más un solo dedo tuyo.

Amor, no le temas al amor,
porque a pesar de todo,
es lo único que te libera.
No le temas al amor,
porque es todo lo que no quema.

No importa lo que el mundo entero diga.

Porque mi amor es tuyo hoy,
mañana y todos los amaneceres.

Nunca te dije adiós.

Nunca te dije adiós,
porque me enamoré de ti,
de una forma extraordinaria,
porque no lo quería aceptar,
en realidad era eso.

Nunca te dije adiós,
porque tenías todo lo que buscaba en una chica,
y sí, quizás ese fue mi error,
porque me gusto esa ilusión que me diste.

Nunca te dije adiós,
y por años, ese fue mi más grande error,
recostado en el piso de mi recamara con auriculares.

Nunca te dije adiós.
Y me aparté de algunas personas por ello,
no tome otras oportunidades, por la idea de ti.

Nunca te dije adiós,
y ahora sé que fue un error,
que esas noches y esas lágrimas en realidad
no las merecías.

Nunca te dije adiós,
por eso, hoy te lo digo.

Te he amado desde el día que te imagine.

Noches.

El insomnio me habla tan bien de ti,
que está dispuesto a robarme los sueños.
Y en ocasiones te odio tan fuerte,
que no puedo ni pensar.

Pero en forma de fantasma,
aparece ella una vez más,
llega con su capa de super-héroe
a salvar la noche.

Y es jodido que pase tan recúrrete,
pero no negaré que es lo que más me gusta
de mi día.
Letras por doquier,
extraños pensamientos por todo el cuarto,
y una extraña y repetitiva visión del futuro.

¿Cómo dices que soy igual al resto?
si te era fiel, hasta cuando no éramos nada.

La vida.

Todo suena como la vida,
después de los 16, todo suena como la vida.

Con cada beso y caricia, me dices que eres mía,
con cada letra y abrazo, te digo que soy tuyo.

Cada canción escuchada,
cada ola rompiendo,
todo tiene un sabor diferente.

Porque es la vida de la que hablamos,
nada tiene sentido en ella.

Y como la gota cayendo del cielo,
me evapora cada sufrimiento.

Como un amigo llegando con un par de cervezas,
vuelvo a la vida con tu cuerpo.

Como lágrimas, risas y abrazos,
lo dulce de este paseo.

Golpes, llanto y tormenta...
lo jodido de este.

Porque es la vida de la que hablamos,
nada tiene sentido en ella.
Pero tal vez tú le des ese sentido.

No sé si soy suficiente,
solo sé que eres suficiente.

Rutina.

Pensar en ti antes de dormir
se ha convertido en mi rutina,
a la par de escuchar
música en mis audífonos.

Pensar en nuestro futuro
se ha convertido en mi rutina,
al igual que mirarme al espejo
cada amanecer.

Eres mi rutina favorita,
porque es la única que me hace feliz.

Recordar tus besos y abrazos
se ha convertido en mi rutina,
como ver las estrellas
al caer la noche.

Amarte es mi rutina favorita,
porque me hace sentir vivo.

Escribirte se ha convertido en mi rutina,
y lo disfruto, incluso lo hago inconsciente;
porque mencionar la felicidad,
ya es hablar de ti.

Mientras te miro a los ojos,
no me cabe la menor duda.
Lo más hermoso de la vida,
fue coincidir en el mismo árbol.

Amé.

La verdad es que alguna vez amé,
amé la forma en la que nuestras manos
encajaban perfectamente
y dábamos un paseo por algún parque.

Amé la forma en la que me solías mirar
en cada reencuentro que teníamos,
caminar por la playa.

Amé la forma en la que nuestros estúpidos
pasos de baile encajaban a la perfección
unos con otros.

Amé la forma en la que cantamos a solas,
esas magníficas tardes de café
o de fotografías.
Amé tu inocencia sin manchas por el tiempo,
amé tus risas, tus labios
y hasta tu voz.

Amé tu perspectiva de la sociedad,
tu forma de demostrarme que todo
me tiene que valer un carajo
si en verdad quiero encontrar la felicidad.

Amé tu pequeña sonrisa en ese destello de luz
que sucedió al llegar el otoño.
La forma en la que me mentía a mí,
joder, claro que lo amé.

Amé la forma en la que nos escapábamos
de la absurda rutina de semana
y olvidábamos nuestros estúpidos
problemas de adolescentes.

Amé, pero claro, eso no me basto.

Alguna vez amé,
lo único malo,
es que estaba acostumbrado
al corazón roto.

Pecado.

Quiero despojarte las prendas que te
acompañan,
mientras mis labios navegan
ese cielo al que llamas cuerpo.

Que muerdas lentamente mi labio inferior,
mientras tu camisa,
cae lentamente sobre el sofá,
y mientras susurres te amo en mi oído,
rasguñas suavemente mi espalda.

Bajar ferozmente tu ropa interior,
mientras la música de fondo,
desaparece.

Quiero hacerte mía de todas las formas
posibles.
Y quiero ser tuyo,
cada noche y cada día,
por el resto de mi vida.

Quiero emparejar nuestros cuerpos,
mientras no haya prenda alguna
que nos acompañe.
Y que el orgasmo en nuestro cuerpo,
grítenos amor en la sangre.

Mi placer favorito:
darte placer.

Me jode.

Me jode,
me jode no tenerte al despertar
y no poderte abrazar.
No dejarte de amar y poder perderte.
No poderte besar y dejar de pensarte.

Me jode,
que mis manos no se enreden en tu cabello
y que, al anochecer,
tu cara no esté en mi pecho.

Me jode tanto no besarte los ojos,
ni morder tu nariz.
No decir lo que pienso
y que puedo sentir.
No sentir tus dientes en mi hombro,
ni tu pierna sobre la mía.

Me jode que no me estés jodiendo a diario.
No tener tu mensaje de buenas noches
y no tener los dedos entrelazados.

Me jode darte el control de mi felicidad.

Algunos de tus "accidentales" roces de mano
me transforman en tu accidente.

Amor.

No creo en el amor a primera vista,
pero creo en el amor a primera cita.
No creo en unos pechos enormes
con potencia de acción,
creo en unos ojos gigantes,
con potencia de amor.
No creo en quien grita para llamar
la atención,
creo en quien calla,
y a pocos abre su corazón.
No creo en el amor tradicional,
porque no creo que alguien te complemente,
creo que todos somos una naranja entera
por sí solos,
lo de medias, es puro cuento.
No quiero llorar en el sillón,
y no dejar de beber alcohol;
quiero reír en tu regazo
y sostener tu cabello con mis manos.
Quiero vivir contigo
y no a tu lado.
Quiero que sonrías cuando tomes mi mano,
y quiero que me abraces cuando me estoy
apartando.

Y sé que todos pueden ser tu primer amor,
pero no cualquiera es el amor de tu vida.

Me volvería loco, pero no por otros ojos.

Y yo no sé.

Y como decirte que te extraño
cada puta madrugada,
cuando mis ojos están transparentes y sangrando,
o cuando el sonido de mis auriculares
está a punto de explotar mis tímpanos.

Como decirte que te amo cada segundo,
cuando el jodido oxígeno
llena de libertad mis pulmones cada amanecer,
y mis manos tiemblan de euforia
por aclarar los latidos de mi corazón
lágrima a lágrima.

Como decirte que te odio cada suspiro,
cuando te doy la oportunidad de acabar
con los dulces destellos de luz,
o cuando ignoras mis mensajes.

Como no quererte cuando tocas mi Cabello
de esa manera tan dulce,
o cuando presionas tus labios sobre los míos.

Aún no sé cuánto te amo,
pero es el amor más puro que alguna vez he sentido
y el único que me interesa llevar
a lo más profundo de mis prendas.

Siempre digo que lo más hermoso en la vida
es una sonrisa, y si es tuya, mejor.

Romántico.

Romántico como la mierda,
no acción, de sentimiento.
Hablo de no sentir su cara,
sino sentir su mirada.

Como ave sintiendo el viento,
soy libre en tu cadera...
amo el mar, aunque me aterra
y beso tu mano cuando llegas.

Hace tiempo no beso tus labios,
pero aún siento tus besos.

Sin flores ni mariachi,
pero soy tu caballero,
con golpes y bofetadas,
pero eres mi cielo.

Romántico de sentimiento
eso soy cuándo amo de verdad.

Y parar el tiempo con un beso,
jamás se sintió tan bien.

Aquellos jóvenes.

Él la miraba con desesperación,
mientras ella sonreía
sosteniendo un vaso
de cerveza.

Se sujetaban de la mano
y sonreían a diario,
porque estaban jodidamente
enamorados.

Se escapaban a la playa,
se besaban en la sala
y se fugaban de las fiestas
a altas horas de la madrugada.

Se juraban amor y respeto
mientras se acurrucaban
juntando los pechos y dejaban
caer sus cabezas al lado
izquierdo de la almohada.

La gente sentía el amor
de aquellos jóvenes enamorados,
sentías el aroma a arena
y el viento con brisa de verano.

Aún siento los hombros cansados
por tanto cargarte a la
orilla del lago.

La gente no sabe cuánto te amo,
y mucho menos cuanto te extraño.

Es que nadie sabe
lo que se siente el amor sabático.

Aquellos jóvenes éramos nosotros,
cuando aún conocíamos
el significado del amor.

Esa niña.

Esa niña,
la que está a lo lejos,
la que se para de puntitas
para robarme un beso.

No sé qué carajo hizo,
pero se volvió mi universo.

Esa niña chaparrita
que solo miraba en el colegio.

Y ahora me ve
con esa mirada
que dice: recuérdame
cada que mires
constelaciones en el cielo.

Esa niña que tanto amo,
la que procura siempre
estar a mi lado,
la que se volvió mi cielo nocturno.

Esa niña,
la que está a lo lejos,
la que me enamoro
en algún pasillo del colegio.

Sus besos son el descontrol
que mi mundo necesitaba.

¿Qué tendrá la madrugada?

¿Qué tendrá la madrugada?
Con su sabor a sentimientos
y su aroma a melancolía.
¿Qué tendrá la madrugada?

Que nos pone tan creativos
y emotivos,
que nos embriaga
y nos quita las bragas.

Con sus eternas
fiestas descontroladas,
con los llantos reflexivos,
con sus musas en vestidos.

Con esos amigos
que abrazan la espalda,
con esas miradas
que envuelve el alma.

¿Qué tendrá la madrugada?
con esa luz de luna
y esa bella boca tuya.

Y de pronto,
ya no te interesa tomar café con nadie más.

Espero.

Te espero una vida,
dos o tres...
o las que quepan en la eternidad.

Te quiero cerquita,
que mi vida poco a poco se marchita
cuando no beso tu boquita.

Te espero en la playa,
observando las olas,
que me recuerdan a esos ojos estrella.

Te espero una vida,
dos o tres...
o las que quepan en la eternidad.

Amor, la vida no es más que un baile suave.

Ojalá.

Ojalá te amen como cuando tenías 5 años,
y que siempre sueñes con la misma intensidad
que tienes a los diecisiete.
Que vueles
y que no vayas por la estrella más alta,
si no por la fugaz más rápida.

Ojalá te vuelva a besar el día de mañana,
que tu mano se entrelace con la mía una vez más,
y que, por la noche, vuelvas a acariciar mi cabello.

Ojalá tú nunca, pero ojalá tú siempre.

Que tu piel se vuelva a empapar de agua
en la lluvia, que tu cabello se vuelva a llenar de arena.
Y que cada noche, vuelvas a besar mis ojos.

Ojalá estés enamorada el resto de tu vida.
Y que, al ver a tu hijo,
llores como cuando eras pequeña.

Ojalá te caigas de la montaña más pequeña,
que te ahogues en el océano más escaso,
y que ardas en el infierno más helado posible.

Ojalá tú nunca, pero ojalá tú siempre.

Por mi salud mental,
sonríe al abrazarme.

Querida pasajera del destino.

Querida pasajera del destino,
fue un placer haber coincidido contigo
en esta vida.

No sé si te he conocido,
a mis 17 años, no sé si te he conocido.
Aún no sé si mis ojos te han visto.

Espero compartir mi primer beso contigo,
espero correr por la playa tomando tu mano
y tomarte infinidad de fotografías.

Quizás ya te conocí,
aunque no estoy muy seguro de ello,
digo, jamás se puede estar seguro
con esas cosas,
jamás.

Sé qué haremos muchas cosas juntos,
infinidad de cosas,
y aunque quizás no nos sobre el dinero en el
bolsillo,
siempre habrá felicidad,
eso te lo aseguro.

Sé que hemos escrito demasiadas historias
como para contarlas en una sola vida,
pero hay que intentar.

Probablemente no conozca tu rostro,
pero aun sin conocerte,
ya estoy enamorado de ti.

Y si tu rostro es el que está rondando mi
mente en este momento,
estaría más que encantado con ello.

Querida pasajera del destino,
espero ser lo suficientemente bueno,
como para ser tu definición de amor.

Destello.

Ahí, en la estrella más brillante,
ahí es donde debes estar,
donde más te quiero amar,
en la única pieza que encajas...

Porque eso eres,
brillante y dominante,
primera luz de la mañana
y último rayo por la noche.

Tú, que mueves el cabello
y despierto en enero,
cuando los días son como deben ser...
jodidamente melancólicos.

Nube contra luz,
que enamoras,
que encandilas,
que llamas a fotografiar,

Destello, que brillan tus ojos
y brilla mi alma.

No hay arcoíris que supere tu sonrisa.

Solo quiero que sepas.

Quiero que sepas, que a veces
mi mente se complica,
que necesito desconectarme
de todo y de todos.
Que en ocasiones necesito alejarme,
pero eso no quiere decir que deje de amarte.

Quiero que sepas,
que se me complica la vida
y no tengo una respuesta del porqué
de mis altibajos.

Quiero que sepas que no tengo control
de una sola cosa,
que me persigue la suerte,
mala o buena,
pero la vida me lo improvisa.

Si hay un lugar que ame más que el mar,
es en tus brazos.

El mundo en mi hombro.

El mundo en mi hombro,
si me piden que apode de alguna forma
esto que siento en mí palpitar,
así lo diría, el mundo en mi hombro.

Es un mar de emociones
y mi latido en este lápiz.

No te mentiré,
el tabaco ayuda un poco,
más que este sentimiento, el cual
intento forzar que todo salga adelante.

Todo me recuerda a ti,
las risas, los abrazos,
la cama jodidamente abrazable.

Le pido a Dios resistir un poco más,
porque te amo con cada letra
retratada en esta libreta.

Pero estoy muy jodido,
ardiendo en este infierno en
mi cabeza, nuevamente lo digo,
te amo, pero no sé si soporte
un segundo más el peso en mis hombros.

Sus palabras son el disparo al corazón
que el mundo necesita.

Amanecer.

Tu mano en lo más alto,
tu risa en la brisa
y tu canto en el espacio.

Como si de un amanecer se tratara,
vamos lento y con esmero.
Como si de un atardecer se tratara,
somos fuego y euforia.

Somos bosque en desierto
y un sueño despierto.
Somos viento en infierno
y abrazo en colapso.

Somos vida en sequía
y nieve en verano.

Como si de un amanecer se tratara,
somos amor en paraíso.

Somos fugaces,
eternamente fugaces.

La luna está como tú, bonita.

Frío.

Sin saber, actué...
sin saber navegue y el daño que te cause,
me mata cada mes.

Tanto frío causé,
que incluso yo me helé.

Destruí tanto por nada,
pero algo en esto me mantiene cuerdo
porque jamás tome tu primer beso
y tampoco tú "te amo".

Nevé sobre tu playa,
pero eso aun me hace daño...
me cole en tu canción,
pero eso aún me hace daño.

Y cuando escucho esa canción
tu rostro viene a mí.

Y el frío que cause,
me acompaña en mi libreta.

Abrázame el alma con tus brazos de infinito.

Necesito.

Necesito de ti,
de tu suave piel y tu querer,
de tus mañanas y tus presentes,
de todo lo que implica quererte.

Te necesito,
para combatir mi ansiedad,
mi inseguridad y mis defectos.

Quiero de tus manos,
de tu aliento y de tu anhelo.

Te quiero aquí,
para guiar a este cuerpo sin rumbo,
para tener algo para sobrevivir.

Necesito tu voz sonriente,
tu ruidoso cabello y a tus dientes de lata.

Necesito de tu amor y tu canto.
Y no te preocupes,
ya te esperé una vida,
igual te espero otra.

Te quiero aquí, cerquita del mar
y el atardecer,
mientras te posas en mi hombro
y vemos a la luna nacer.

No sé.

No sé a dónde nos llevará el camino
o el tiempo,
ni siquiera sé si en cuatro semanas
estaremos juntos,
lo único que me importa
es permanecer a tu lado
por el mayor tiempo posible.

Y sé que lo voy a arruinar muchas veces,
y trataré de no perder tu amor por eso.
Sé que jamás te faltaré, eso sí lo sé,
y jamás tendrás que pedirme amor.

Pero lo que aún no logro comprender,
es el porqué te enamoraste de mí.
¿Qué viste en este tipo?
Porque en serio que no lo sé.

No sé cómo, ni que hiciste para entrar
de esta manera al fondo de mi alma,
Solo quiero decir que me encanta.

La noche es mi horario de melancolía.

Noche.

Noche, que me das insomnio
y pensamientos idiotas,
que te sigo amando
con tus amenazas.

Tú y tus cervezas,
con tus charlas profundas
y esa introducción al amanecer.

Te adoro, con tus besos y caricias,
con tus llantos y risas.

Te extraño con tus pasos de baile,
con esa amistad que ofreces,
ese sentimiento que ocultas
y esa familia que haces.

Me encantas,
con tu sexo y orgasmos,
con lo fugaz que te vuelves
y todo lo que ofreces.

Noche, que te amo más que al día.

Sonríe. Igual todos estamos jodidos.

Algún momento de la vida.

Te imagino tranquila,
sentada en una silla frente al mar,
mientras en tu pupila,
se refleja mi sonrisa.

Y es que esto es la vida,
nada más que momentos,
parpadeos fugaces
que nos hacen amarla.

En algún momento de la vida
sentí que me comería el mundo,
pero después de todo,
parece que al final fue el quién
termino por devorarme.

Es que esto es la vida,
una luz encendida
que nos consume al paso
de los años.

Es un primer beso inmortal,
una fogata con amigos,
un atardecer en la playa
pero...

En algún momento de la vida
mis noches fueron ríos de llanto
e inviernos de desesperación,
porque por el día, la ansiedad
me carcomía.

En algún momento de la vida
mi pareja fue el tabaco
y mi amante el alcohol.

Porque esto es la vida
y nos toca sufrirla por igual.

Luz.

Cabe mi propia tumba un par de veces.
Cabe la de alguien más un par más.
Cocí mis heridas con el peso de mirar atrás.
Pero aquella mañana te vi
y supe como amar.

Nunca te sentí lo suficientemente cerca,
hasta que todo acabo.

Te estoy olvidando.

Te escribo 4 veces por año,
y poco a poco, te estoy olvidando.
Pero ¡oye! Eso es bueno,
ya no finjo sonrisas,
y ya no lloro cuando estoy solo en la
habitación.
Sinceramente, no sé cómo te escribo,
sí sé perfectamente,
que solo me hago daño.

Tal vez me enamore de ti
en el tiempo que compartimos,
y por eso, aún me encierro en la habitación,
para escuchar canciones deprimentes.

Y no sé por qué solo te escribo 4 veces,
si cuando lo hago, me siento vivo.
Quizás eres una parte fundamental
en mi felicidad,
y estoy aferrado a no aceptarlo.

Sé que jamás quise que entraras en mi vida,
y ahora simplemente, no quiero soltarte.

Hay días en los que no te siento,
ni siquiera te recuerdo,
y me siento absurdamente bien,
invencible, que vuelo

y que jamás caeré.

Pero luego te siento, y me siento igual.
Invencible, que vuelo y que jamás caeré.

Y sé que muchas personas te tienen
y no se lo merecen.
Y yo, yo no sé si te merezco.
No sé qué estupidez hice para tenerte.

Pero lo odio. Lo odio y lo amo;
lo amo tanto, como caminar por la playa,
o sentarme sobre el tejado de mi casa.

Y lo odio tanto,
como al razonamiento humano,
o a estas putas ganas de besarte.

—   A la tristeza —

Tú.

Tú,
y esa sonrisa que me vuelve a la vida.
Tú,
y ese sol en tu sonrisa.

El viento soplando en tu cabello.
Y, bajo tus pies,
la dulce brisa del mar
entrando en tus poros.

Tus dedos tocando los míos
y tus besos mostrándome el cielo,
a la par en que el sol se oculta de nosotros
por milésima vez.

Tú,
y tus abrazos de invierno,
tú,
y tus labios en mis ojos.

Eso es todo lo que necesito.

Dichosa,
que me ves y ya soy tuyo.

Antes del fin del mundo.

Antes del fin del mundo,
quiero darte todo lo que tengo,
quiero cumplir mis metas
y viajar por el mundo.
Es un tanto loco, pero es lo que quiero.
Quiero conocer suiza,
viajar con el amor de mi vida
y perderme por ahí.

Antes del fin del mundo, quiero enamorarme,
pero no lo típico,
si no que en verdad perderme.
Quiero ganar mi propio dinero
sin preocupaciones
y levantarme cada día sin el estrés de trabajar
en un lugar que no me gusta.

Antes del fin del mundo
quiero saltar en paracaídas,
escalar una montaña,
que una de mis fotos se haga viral,
escribir un libro.

Quiero conocer gente con las mismas
inquietudes que yo,
mismo rollo de música,
con la misma pasión por la fotografía
y por escribir una que otra cosilla sin sentido.

Antes del fin del mundo,
quiero ir a un concierto de rock,
quiero volver a esos lugares
donde ame la vida,
quiero tomar de la mano a esa persona
y decirle lo que ella es para mí.

Antes del fin del mundo,
quiero ver a mis hijos a los ojos
y darles un consejo
que los marcara de por vida,
quiero ver a mis nietos,
y darles el mismo viejo consejo.

Antes del fin del mundo,
quiero morir feliz.
Antes del fin del mundo,
quiero morir jodidamente feliz.

Deseoso.

Puedes tu sentirte segura,
mientras mis labios navegan tu cuello,
mis manos acaricien tu cintura
y mi lengua, remoje tu boca.

Toma mi mano un momento,
que será un bonito recuerdo.

Sambútete en mi cuerpo,
sin miedo y sin aviso,
que me encantas atrevida,
me encantas dominante.

Demuéstrate frente a mis ojos
y desviste mi piel lentamente,
que te amo eternamente
y esta noche, quiero demostrarlo.

Que en mis sueños apareces
y en la realidad,
te posas con susurros en mi oído
sacando cada deseo morboso.

Piel de amor, te deseo en cada beso.

Nos quedaron pendientes tantas cosas...
una vida, por ejemplo.

7:17

7:17 y estamos aquí,
tú estas entre vestida y desnuda
mientras las olas rompen en tus piernas
y la luna llena te acompaña.

Te encuentro radiante,
radiante como el sol
y el microondas
a pesar de ser demasiado etérea.

Es que me quedo sonámbulo
cuando estamos juntos.
Y provocas delirios
cada que juntamos miradas.

Que la soledad no está,
no está en mi lista desde que llegaste.

La hora es efímera
cuando estoy contigo y será eterna
si algún día me doy por vencido.

7:17, nuestra hora nocturna,
repleta de incandescencia
y de esa elocuencia
cuando dices te amo.

Tarde o temprano, nos aferramos al amor,
después de todo, es lo único
que nos hace sentir vivos.

Ceniza de fuego.

Ella era fuego
buscando un vaso de agua,
un lago o algo
para frenar su caos.

De pronto un día,
conoció a él,
que no era exactamente agua,
pero controlaba la llama.

Exactamente no sé
como encajaban,
pero sus manos eran un
perfecto complemento.

Eran dos locos enamorados,
se amaban con locura,
y a él no le importaba
quemarse de vez en cuando.

Pero un día,
ella se apartó de él,
y a él, no le importaba nada
si no estaba ella.

Ella jamás volvió,
pero su caos logro frenar.

No sé qué hizo él
durante tanto tiempo,
no sé si su ceniza logro
borrar.

Solo sé que a veces
le llora a la luna,
esperando que alguna otra
fogata, cause un
incendio forestal.

Ven.

Ven, con todo y tus quejas,
con todo y tus penas.

Ven, con esa
vista tierna y radiante,
con esos ojos que
sospecho llevan la galaxia entera.

Ven, que te invito
al otro lado de mundo,
para tomarnos un café
o de las manos.

Ven, a sentarnos en silencio
o hablar por horas.

Ven, para protegernos
del mundo cruel,
de las drogas y de las canas.

Ven ahora,
que mi alma tiene
abierta la puerta
y mi pecho, taquicardia.

Ven, para besarnos bajo la lluvia,
o bajo el marco de tu puerta trasera.

Que me miras y te amo.

Así.

Así, verte de lejos,
con ojos hambrientos y
las ganas de decirle al mundo
entero que ahí estás.

Así, con esa emoción
en tu canto cuando mueves
los labios y esos
ojos dilatados.

Así, si te espero toda la vida,
así, si te robo otro beso de despedida.

Tú no me jodiste el corazón,
me jodiste el alma, me jodiste la vida.

¿Cómo no quieres que te quiera?

Como no quieres que te quiera
si cada desvelo
lo conviertes
en poesía.

Si las flores
me recuerdan a tu aroma,
a ese coco tropical
que solías tener.

Como no quieres que te quiera
si cuando sopla el viento,
se me refleja tu cabello,
con la ventanilla abajo
y a 140 kilómetros por hora.

Si tus te quiero
me envuelven en locura,
¿Cómo no quieres que te quiera?
si cuando el sol se oculta
encuentro tu mirada.

Puedes tomarme, ¿sabes?
después de todo,
eres la única persona que puede hacerlo.

Ola.

Vamos a ver las olas rompiendo en la orilla
mientras nos besamos en el coche,
reproduzcamos alguna canción,
trasnochemos bebiendo
y despertemos en alguna playa.

Solo quiero contar las estrellas contigo
y emparejar la cuenta con besos.

Tienes alguna constelación en ti,
está verbalmente desnuda
y vestida de gala.

Te tomaré de la mano
y cuando el primer rayo de sol salga,
te dejaré ir,
o volverás a besar mis labios.

Hay gente que ama el mar sin importar la
marea, es muy parecido
a lo que me haces sentir.

Eres.

Eres cada tono de alegría,
como el sol al ocultarse...
un primer beso en un momento eterno.

Eres cada álbum nuevo,
con tus altas y bajas,
con tus baladas románticas.

Eres cada gesto amable
y cada mente en desorden.

Eres luna llena,
que a veces te conviertes en fiera
y consumes cada gramo de paciencia.

Que te amo por lo que eres,
loca insaciable.
Que eres galaxia en tierra
y todo lo que mi mente espera.

No creía en la poesía,
hasta que sonrió mi madre.

En un día.

Esta mañana te observé por primera vez;
te juro que mis pupilas se dilataron
al punto de casi explotar,
y mi corazón, mi corazón latió
a la velocidad de un cometa sobrevolando
una minúscula parte del planeta.

Volé por pequeños instantes
y solo puedo decir que me encanto.
Jugué un par de veces con niños y ancianos,
y me enamoré un poco más de la vida.

Le destrocé la cara al odio y a la tristeza,
supongo que con ellos iba incluida
la depresión;
también combatí un par de adicciones,
alcohol y esos ojos cafés que me miraban
y solo me hacían mierda por dentro.
Salí victorioso.

Conversé contigo en los pasillos de la escuela
y mis ojos se llenaron de lágrimas;
sonreí y leí un fragmento de libro
en el tejado de mi casa,
escuché buena música mientras me duchaba.

Fume el último par de cigarrillos
y mis pulmones volvieron a sentir el oxígeno;
y a los demás ya no les hablaba de mí,
no, ya no más,
a los demás... les hablaba de ti.

De tu sonrisa.
De tus labios.
De tu cuerpo tan perfectamente imperfecto.
Del mundo en tu mente.

Pero deje de hacerlo,
porque tengo miedo.

Tengo miedo de que el mundo
entero se enamore de ti,
pero siendo realistas,
el mundo entero ya debería estarlo.

Cuando el fuego habitaba.

Y mientras pienso si me tomo un café
o una cerveza,
las canciones en mi cabeza siguen
meditando el mismo amor que sentía por ti
la primera primavera a tu lado.
Cuando todo estaba bien y lo malo
solo eran secuelas del pasado.

Cuando los roces de mano parecían
accidentales y las canciones a tu lado
parecían alguna señal de algún futuro
cercano.

Hablo de cuando gritábamos vernos a diario
y no existía pretexto alguno para
que nuestros labios gritaran lo que
ni tus palabras, ni mi poesía lograban...
amarnos.

El amor es tan solo un suspiro
desesperado del alma.

Volaremos.

Volaremos, por arriba
y por debajo, saltaremos
desde cerros cercanos,
hacia cielos lejanos.

Nos tomaremos de las manos
y me abrazarás con tus brazos, esos que
parecen tomar el mundo entero.

Te regalaré una nube
color a sol y te dejaré
gotas de lluvia bajo tu puerta.

Porque algún día volaremos
y cumpliremos estos tontos sueños
que nos mantienen con vida y alegría.

Nos veremos entre
las corrientes de viento
y alguno de los dos
robará nuevamente un beso.

Porque un día de estos,
volaremos, más alto
que la puta atmosfera,
rumbo a la constelación más lejana.

¿Qué sería de los atardeceres
sin su desborde de nostalgia?

Hablo de amor.

Hablo de amor,
menciono arena, algo de cerveza
y tu cabeza sobre mis rodillas.

Pienso en arrecifes y aunque
no eres exactamente sirena,
enloqueces con tu canto.

Hablo de amor,
pienso en planetas,
estrellas y constelaciones.

Y aunque no eres exactamente
un alíen, me haces sentir
de otro planeta.

Hablo de amor,
pienso en tu pelo,
en tus sesos y tu cuerpo.

Y aunque son extremadamente
perfectos, me pierdo
en tus recuerdos.

Soñábamos con ser solo uno,
hasta que solo fui yo.

Volver.

Bésame, bésame como aquella noche,
cuando la luz de la luna
entraba translúcida por la ventana
trasera del vehículo.

Cuando gritabas
que me amabas,
incluso cundo tus
labios permanecían cerrados.

Quiero volver a
sentir ese día,
cuando nuestras manos
se volvían una sola.

Y nuestros pies
envejecían por el
dulce roce de
agua salada.

Quiero volver a
sentir tu amor
en el abrazo
de despedida.

El amor no es para siempre,
pero siempre te amo.

Eterno.

Y bien te podría esperar,
en la cama o en el sofá,
en la melancolía y en la risa,
en el cuarto o en el encanto.

Tal vez la vida viuda nos separe a todos,
o el sol radiante hará el amor con la luna
y una pequeña parte del océano
se llene de oxígeno.

Mientras el sol se esfume con un tono rojizo,
las nubes invadan el cielo por completo
y las aves canten al amanecer,
nuestro beso será eterno.

Eterno como los Dioses,
como el universo y el tiempo.
O tal vez no.

Aún tengo el alma embriagada
de promesas que no podre cumplir.

Jamás.

Me metí en todo
y a la vez, en nada.
Contemplando los huracanes de palabras
y los abismos de locura,
me percaté que jamás te perdonaba.

Ni al salir el sol sobre el balcón,
ni al entrar la luna bajo tus sabanas,
nos reíamos a carcajadas,
mientras en tus brazos me acurrucaba.

Jamás olvidaré las noches en vela,
subiéndonos al techo
y observando las estrellas,
ni tomando cerveza a las tres de la mañana,
ni a la orilla de la playa,
mientras me besabas.

Me metí en el amor,
en la locura,
en el odio
y en el enfado,
pero jamás sentí la calma que me brinda tú
cuerpo.

No existe nada como el amor a los 17.

Encanto.

Que me encanta el amor,
me encantas tú.

Con un beso de pasión
me cambias la percepción.
La vida tan bonita
cuando ríe tu carita.

Sentado, solo en pensamiento,
solía hacer eso,
hasta que tu cuerpo se volvió mi monumento.

Que me encanta el amor
con sus fallas,
sus placeres,
incluso cuando sientes que mueres.

Que me encanta el amor,
me encantas tú.

París.

París, que me suenas a sexo
cuando en el mundo moderno
te posas sobre mi pecho.

Poblada de amor y vino,
algo así como Jesucristo.
Que te canto al oído
y me dices amor mío.

París, ciudad de luz,
que nos perdemos en la oscuridad
y nos encontramos en el altar.

Que siento que te he navegado antes,
por cada mañana en que cantas
y cada madrugada que te embriagas.

Arco de triunfo,
que me regalas caricia
cuando peinas mi ceja
o besas mi frente.

París, francesa de sentimiento,
que te escribo poesía
y me pierdo en estrellas.

Jamás volví a sentir la calma
que brinda tu cuerpo

Zarpemos.

Zarpemos hacia el mar del amor,
donde la vista es más bonita
y los atardeceres,
más duraderos.

Zarpemos hacia la locura,
donde los días son más
divertidos y las personas
más encantadoras.

¿Cómo no pedirte que zarpemos?
si eres mi guía en este
mundo en agonía.

Si eres el rayo
de luz en el cielo,
ese que me arranca el alma
y pone todo en su lugar.

Por eso te pido que zarpemos
desde ríos, hasta lagos,
desde océanos escasos hasta
donde llegue nuestro barco.

Me atrevo a decir que el amor me salvo
de la vida.

Inefable.

Eres toda sensación humana,
todo sentimiento floreciente,
todo tacto humano.

Entonces te beso y todo está bien,
te siento en cada lágrima y en cada abrazo.

Te veo en cada cielo nublado,
te ubico en cada canción
y te escucho en cada ola quebrando en la orilla.

Inefable, eso es cuando estoy contigo,
cuando tomas mi mano,
o cuando me despierto con tu mensaje.

Y todos nos rompemos a veces, pero siempre
me arreglas, mejor que un par de cervezas.

No hay bendición tan grande,
como escuchar el latido de tu corazón,
o tu boca diciendo te amo.

Eres cada migaja de fe,
cada gota en verano y cada letra escrita.

Eres cielo en este infierno
y eres todo lo que mi mundo necesita.

Amor:
el mar, tú y yo.

También le temo al amor.

Tal vez sería más fácil echarle la culpa
al vino, al tiempo o al momento;
pero la verdad,
siempre le he tenido miedo al amor,
a esas mariposas en el estómago
y a esa absurda sonrisa de idiota.
Y siempre entrego lo que más amo,
por alguien que me termina odiando.

A lo mejor la culpa es mía,
por ser un estúpido;
o quizás, mi naturaleza es cagarla,
así, sin más.

Le tengo miedo al amor,
pero jamás me prohíbo amar;
no temo a quedarme soltero
por el resto de mi vida,
porque me aterra más perder a un amigo.

Y aunque te he besado trescientas veces,
le sigo teniendo miedo a este sentimiento,
a que un día explote
y todo se vaya al carajo.

A que un día te enfades
y destruyas mi corazón reparado
con cinta adhesiva;
pero prefiero temerle al amor,
que a cerrarle las puertas a una nueva vida.

Una vez me rompieron el corazón,
y fue la mierda más bonita
y hermosa que me paso,
y ahora,
soy un puto soñador,
que necesita encontrar
un sentido en esta vida.

Soy un puto soñador,
que encuentra la felicidad
en los pensamientos fugaces de cada noche.

Y yo también le temo al amor,
pero le temo más a la vida, y aun así vivo.

Amor tropical.

Viento, que me llevas con la reina,
esa que tanto amo,
con su pelo olor a coco
y sus cortas piernas bailarinas.

Con esa esencia tropical
que le roba a la playa
y ese radiante susurro
que me regala algunas madrugadas.

Ella me recuerda al océano,
porque es tan tranquila
y otras veces es un huracán,
pero siempre luce hermosa.

Besarla es como esa fogata en la arena,
que atrae, que enamora, que enloquece.

Ser tropical,
con labios de amor,
canto en su voz
y ese sudor que sana las almas.

Quiero abrazarte hasta escuchar
el último latido de tu corazón.

Tick, tack.

Sigo mirando el reloj,
pasan los segundos, pero
sigo aquí, no se detiene.

Sigo mirando el reloj
y los minutos parecen correr,
se me está yendo la vida
frente a este ordenador y no
parece importar.

Los minutos ya se transformaron
en horas y apenas inicio
a gatear, aunque en mi mente,
desde los segundos, estoy volando.

Todo el cronometro ya se encuentra
sobre mis hombros y me estoy
obligando a correr más rápido
de lo que puedo.

Se siente como que no estoy cuerdo
y no puedo con esto,
pero no puedo simplemente acostarme
y dejar que se me pase la vida.

Jamás me había preocupado tanto por el
mundo, por otras personas,
supongo que jamás me habían flechado
con una mirada.

Sentir sin sentimiento.

Estoy aquí, sintiendo todo
y a la vez, todo se va a la chingada.

Te juro que estoy luchando
por sacar esto adelante,
pero sinceramente, ya no sé
si sea lo correcto para nuestra salud mental.

Lo estoy dando todo,
aun así buscas una manera de hacerme sentir
que todo este esfuerzo se va a la mierda.

Te amo, te amo más que
todo lo que he conocido o lo que
he sentido por alguna persona en mi vida.

Pero en este momento,
aquí y ahora, después de años,
me siento con nada en la vida.

Ya no sé si valemos la pena,
no sé si vales que llore cada semana,
no sé si pueda soportar más este vacío en mi pecho.

Te amo, pero no sé
si te amo lo suficiente
para soportar más este dolor.

Eres la prueba de que lo roto, es lo más
hermoso que existe.

Mereces.

Tienes el amor de un niño,
un niño que aún no ha sido
atrapado por el mundo
y tu voz me desgarra el corazón.

En tus ojos tienes el jodido amor de Dios.
Aquellos que de amor murieron
merecen el cielo
y tú mereces el mío.

Mereces cada palabra que te he escrito
y cada letra que te dedique.

Te tengo presente
en cada noche estrellada,
en cada ola rompiendo en la orilla
y en cada amanecer.

Te he dedicado tantos insomnios,
tantos pensamientos fugaces
que se merecen lo eterno.

Te amo,
como si fuera descubriendo este sentimiento.

No saber decir "te necesito"
nos llevó a necesitarnos.

Coches.

Intensos besos a morir
y conversaciones infinitas sobre la vida,
lo jodida que es la vida.
En este mundo de sentimientos,
decir te quiero, es poco,
pero aun así me ahogo en cada abrazo.
Me paralizo con el hecho
de sentir el latir de otra persona.
Y en tanto balbuceo,
sale algo coherente de tus labios.
Ya no es más un te amo,
es como un te aprecio.
Pero me necesito en este momento.
Solo somos nosotros, la carretera
y un par de manos entrelazadas
con delicadeza.
Y me muero por tener otra de esas
conversaciones.
Necesitas alcohol,
necesitas amor,
necesitas un abrazo.
Algo para reparar tu corazón.
Tal vez las palabras saliendo de mi boca te
bajen a la tierra,
pero sé que seguirás bebiendo hasta que el sol
salga de nuevo.

Usted y esos ojos que provocan maremotos.

Hoy inicia el mes del amor.

Hoy, hoy inicia el mes del amor,
algunas sabanas aún guardan tu aroma
y las aves siguen cantando tu canción.

Al ver por la ventana,
aún siento tu cabeza reposando
en mi hombro y la presión de
tus manos alrededor de mi abdomen.

La contracción en mi pecho es tanta,
que incluso el café cambio su aroma.

Ni el agua hirviendo en
la cafetera, ni el gas que alimenta la llama
de la estufa pueden igualar el calor
que algún día tu cuerpo me brindo.

Ni los huevos revueltos,
ni la taza en la que prepare el cappuccino,
ninguna logra provocar el desorden en
mi estómago que hacían las mariposas.

Hoy inicia el mes del amor,
y algunas sabanas aún guardan tu aroma,
pero sigo sin encontrar el sabor de tus labios.

Siempre estaré enamorado,
del cielo y sus atardeceres, del mar,
con sus cambios radicales de oleaje y de ti,
con esa cintura que me descontrola el universo.

Solos.

Que solo soy nada
y solos, soy todo.

Te amo y me amas,
amor tradicional.

Conocí una sensación totalmente única,
una que me devuelve a la vida
y se lleva la tristeza,
que me enamora con sus manos.

Ella es mi banda favorita,
mi sol en su esplendor
y laguna en el desierto.

Que la amo, joder que si la amo,
con su caminar pasmado
y su cara de enfado.

Que solo soy nada
y solos, somos todo.

Me volvería loco, pero no por otros ojos.

¿Recuerdas?

¿Aún recuerdas nuestro primer beso?
Cuando estábamos sentados
sobre el sofá y yo no sabía besar.

Cuando no sabíamos
a donde nos llevaría tomarnos de la mano.

Cuando nos
esperábamos en
alguna banca del colegio.

Mientras alguno
de los dos perdíamos
alguna materia.

¿Recuerdas?
Cuando no teníamos
puta idea de lo que
significaría la fecha 24 en el calendario.

Cuando no terminabas
tu hamburguesa y
nos besábamos en los semáforos.

Dime lo que recuerdas,
porque yo no recuerdo
que se siente caminar sin sujetar tu mano.

Eres la definición de inefable,
con todas sus letras en cursiva, *inefable*.

¿A quién besaría en la frente?

Qué fuera de mí sin ti,
mi musa.

¿De qué escribiría
las largas noches
de insomnio o en
las tardes de películas?

¿A quién le dedicaría
los atardeceres y las olas
rompiendo en la orilla?

¿A quién besaría en la frente
y a quién fastidiaría con cosquillas?

¿De dónde vendría
la luz que atraviesa mi pecho
y quién entendería mis sesos?

¿A quién le diría que viera la luna
cuando esta estalla en hermosura?

¿Con quién me embriagaría
por las noches
y a quien cantaría mis
locas canciones?

Yo también le temo al amor,
pero le temo más a la vida y, aun así, vivo.

Dedicación

Para esas pocas personas que apoyaron el proyecto,
para esos amigos que me mantuvieron cuerdo
y para esos amores que algún día inspiraron amor.
Para mí. Por mantener el fuego encendido.

Otros libros de Roos

El siempre juntos, ya no importa

Escanee el código para descubrir más de Roos:

Otros libros de
THE POETICS PUBLISHING

Lo que nos queda
Shreya Maurya

Corazón de laberinto
Naiad

El inicio está cerca
Evenfall